# El libro de la cocina picante

SOPHIE HALE

(susaeta)

A QUINTET BOOK

Traducción: Tatiana Suárez Losada
Diseño: Peter Bridgewater
Fotografías: Trevor Wood
Ilustraciones: Lorraine Harrison
Presentación de los platos: Jonathan R. Higgins

© 1996 Quintet Publishing Limited
© SUSAETA EDICIONES, S.A.
Campezo s/n - 28022 Madrid
Tel. 300 91 00 - Fax 300 91 10

No está permitida la reproducción de este libro,
ni el tratamiento o registro informático
de su contenido.

Este libro ha sido producido por
Quintet Book Ltd.
6 Blundell Street
London N7 9BH

Impreso en China por Leefung-Asco Printers Ltd.

# Contenido

| | |
|---|---|
| INTRODUCCIÓN | 4 |
| LISTA DE ESPECIAS | 5 |
| APERITIVOS | 9 |
| SOPAS Y ENTRANTES | 13 |
| HUEVOS, QUESO Y PASTA | 22 |
| PESCADO Y MARISCO | 24 |
| CARNES Y AVES | 28 |
| VERDURAS Y ENSALADAS | 39 |
| SALSAS Y MARINADAS | 47 |

# INTRODUCCIÓN

LAS especias aportan variedad a la vida, pero unidas al picante resultan todavía mejor. La comida especiada y picante combina el sabor con la sensación de realzar lo insípido y enmascarar lo dudoso, y despiertan la antigua pasión del hombre por la originalidad en la cocina, convirtiéndose en algo mucho más excitante. Las innumerables maneras de utilizar las especias es lo que proporciona a las grandes cocinas del mundo su sabor único, desde los *curries* y *satays* del místico Oriente a los chiles del oeste americano, uniendo el Viejo Mundo con el Nuevo.

El comercio de especias es probablemente el más antiguo de todos; se conocen expediciones desde Egipto a la costa este de África, que datan de 4.000 años atrás. El comercio de las especias era (y sigue siendo) el más lucrativo y, a pesar de las enormes distancias, en su mayor parte no reflejadas en los mapas, y del riesgo personal y financiero que ello conllevaba, atrajo sucesivamente a fenicios, romanos, árabes, venecianos, genoveses, españoles, portugueses, alemanes, británicos y americanos.

La pimienta en grano, la mostaza y el jengibre chino fueron la fuente de la creatividad culinaria hasta que Cristóbal Colón cambió el curso de la historia de las especias y el picante emprendiendo una ruta Atlántica hacia la India, país rico en especias, y descubriendo América (y los chiles). Los exploradores y comerciantes europeos plantaron estas especias allá donde les llevaban sus viajes subtropicales, incluidas las Indias Occidentales, Indonesia y, por supuesto, India.

La variedad es lo que da vida a las especias, y sobre todo en la cocina, así que, ¿por qué no experimentar, utilizando este libro como guía, a través del mundo de lo picante y de las especias, desde lo sutil hasta lo ardiente, desde la sopa a los frutos secos? Haga lo que haga, ¡tenga por seguro que no resultará aburrido!

# LISTA DE ESPECIAS

**PIMIENTA INGLESA**
Mezcla sabores tan distintos como el del clavo, la nuez moscada, la canela y la pimienta. Es la baya, seca y de color oscuro, de *Pimenta officinalis*. Al primer europeo que lo trajo a nuestro continente le pareció que aquel fruto se parecía a la pimienta y decidió llamarlo de igual forma. La pimienta inglesa se utiliza en la cocina para realzar tanto platos dulces como salados. Desde siempre se ha usado para adobar carnes, verduras y pescados, postres navideños y pasteles de carne, pero resulta también perfecto en ensaladas de frutas, especialmente de piña, plátanos al horno, ponches y hasta espinacas.

**ANÍS** Es la semilla seca y a veces tostada de *Pimpinella anisum,* una planta originaria del Oriente Próximo. Su peculiar sabor es muy conocido gracias a algunos licores y al azúcar con sabor a anís. En pequeñas cantidades, las semillas de anís son excelentes para sopas de pescado y platos de curry, e incluso para hacer más sabrosas tartas y galletas. El anís estrellado, ingrediente fundamental de la cocina china, tiene un sabor parecido, si bien no pertenece a la misma familia; se trata de la semilla de la especie *Illicum verum,* un tipo de magnolia asiática, que, combinada con otras semillas, interviene en la composición del sazonador de cinco especias chino.

**ALCARAVEA** Las semillas de *Carum cervi* se conocen desde hace unos 5.000 años como condimento, digestivo e incluso protección contra el diablo. Se encuentra tanto en Asia como en Europa, especialmente en Alemania, donde se utiliza para condimentar licores, como el *kümmel*, y en guisos y bolas de pasta. Ingrediente común en platos de curry y pasteles, resulta perfecto sobre queso, panes, patatas, repollo, manzanas asadas y tortas.

**CARDAMOMO** Las negras, diminutas e intensamente olorosas semillas de *Ellataria cardamomum* son un ingrediente esencial en gran parte de la cocina asiática y del norte de África, así como en muchos postres y pasteles europeos; las vainas sirven a menudo para suavizar el paladar después de comer. Se usan con sus vainas, golpeadas antes ligeramente, en platos de arroz, pastel de manzana y vino con especias; picadas, en platos de curry y pastas; o espolvoreadas, en el té o el café de después de comer. El cardamomo es, tras el azafrán y el clavo, la más cara de las especias.

**PIMIENTA DE CAYENA**
Las semillas y vainas finamente molidas de *Capsicum frutescens* y *Capsicum minimum* se utilizan para sazonar platos de queso, sopas de pescado, patés, platos picantes y barbacoas. Como es tan fuerte su sabor, una pizca suele ser más que suficiente.

**CHILES Y GUINDILLAS**
Abarcan una amplia variedad de pequeños, picantes y vistosos *Capsica*, y, según evidencias encontradas en enterramientos mejicanos y peruanos de hace 9.000 años, fueron probablemente los primeros condimentos que se cultivaron. A la familia *Capsicum* pertenece también el pimiento clásico (*Capsicum annuum*), tan rico en ensaladas y otros platos. Las variedades picantes se cultivan para pimienta de cayena y salsa de tabasco, y las más suaves, para pimentón. Hoy en día, crecen en casi todos los países tropicales y subtropicales. Su color primero es verde pero, una vez que maduran, cambian a rojo brillante y se hacen más fuertes de sabor. Variedades muy picantes de esta especia son el jamaicano, el chile mejicano y, el más picante, el Hontaka japonés. Los chiles secos son muy asequibles. Se deben sumergir en agua caliente durante 20 minutos antes de usarlos. Los chiles envasados, especialmente los jalapeños mejicanos, se utilizan frecuentemente en

la cocina. El chile en polvo que se vende en los comercios a menudo incluye otras especias, como comino, sal de ajo y orégano; es preferible, por ello, comprar chiles secos y molerlos uno mismo. El sabor picante de los chiles en polvo varía según la marca, así que conviene tener cuidado: el picante es más fácil añadirlo que quitarlo. Las recetas de este libro están pensadas para chiles picantes, y es que cualquier chile que se compre será picante, a menos que esté etiquetado como lo contrario. Las mejores cocinas del mundo han desarrollado sus propias y variadas formas de usar los chiles: desde el mole poblano mejicano, con su inconfundible chocolate y salsa de chile hecha con chile poblano, a los delicados platos de curry de Kashmir, llenos de crema y almendras; desde el clásico chile con carne tejano hasta el *satay* asiático (salsa dulce, picante y olorosa).

**CANELA** Es la corteza interna de una variedad de laurel asiático, llamado *Cinnamomum zeylanicum*. Se sabe que los chinos lo usaban ya 2500 años a.C., pues en el Éxodo (30, 23) se comenta cómo Moisés utilizaba su aceite para ungir el arca de la Alianza. Ya que la canela molida pierde su aroma rápidamente, es mejor comprarla en rama; molida, sirve para algunos tipos de pastas, frutas cocidas, natillas, arroz con leche, *mousse* de chocolate y, entera, en vinos con especias. El «Cassia», o «canela china», es la sabrosa corteza, más delgada y ligeramente más tosca, del árbol *Cinnamomum cassia,* un pariente cercano de la canela. El *cassia* molido se vende a menudo como canela en mezclas de especias para asar.

**CLAVOS** Son los brotes secos de *Syzygium aromaticum,* un árbol de hoja perenne originario de las Molucas, las islas de las Especias en Indonesia, y que ahora crece a lo largo de la costa tropical africana, especialmente en Zanzíbar. Tiene el aroma más fuerte de todas las especias y su aceite se usa en perfumería y en medicina, como anestésico local en dolores dentales. Son un buen condimento para guisos, tartas de manzana y vino con especias. Un puñado de clavos o un puñado de clavos molido va muy bien en platos de curry, bollos dulces y tartas de queso.

**CILANTRO** Es la pequeña semilla de color marrón amarillento de la especie *Coriandrum sativum*. Desde hace miles de años, se conoce en Oriente, donde es un ingrediente fundamental del *Garam Masala* y, como condimento, para el curry. Crece también en el norte de África, Méjico y sur de Europa. Recién molidas, las semillas de cilantro tienen un ligero sabor a naranja y añaden un aroma delicadamente exótico al amplio abanico de platos dulces y sabrosos a los que esta especia acompaña.

**COMINO** *Cuminum cyminum,* originario de Oriente, donde el cálido y picante olor de sus semillas, tanto enteras como molidas, impregna la mayoría de las comidas. Durante los últimos 2.000 años, ha crecido en los países mediterráneos y, actualmente, es una de las especias más cultivadas. Las semillas se parecen a las de la alcaravea y el anís. Su aroma, único, realza el de los platos de pollo, pescado, arroz y cordero, repollo, guindilla, casi todo tipo de panes, quesos, licores y embutidos caseras.

**ALHOLVA** *Trigonella foenum-graecum,* también conocida como «heno griego» y miembro de la familia de los guisantes, es originaria de Asia aunque actualmente también crece en la India, norte de África y ciertas partes de Europa. Las semillas son de color marrón claro, muy duras, y deben calentarse para que desprendan su característico olor. Son muy nutritivas y resultan un condimento perfecto para espesar las comidas y darles un toque más amargo. La alholva se usa como alimento para animales y como regenerador del cabello.

**JENGIBRE** Es el rizoma de *Zingiber officinale* y es el picante por excelencia desde hace unos 2.500 años. Su origen se encuentra en la India y China y fue muy conocido en Europa durante el siglo XI; cinco siglos más tarde, en el XVI, lo llevaron los conquistadores al Nuevo Mundo. Fresco o «verde» se parece a la aguaturma; pelado y machacado, o finamente cortado, es la característica esencial de muchos platos indios, del sudeste asiático y chinos de carne y pescado, así como condimento de ensaladas verdes y ensaladas de frutas. El más claro y de sabor más delicado procede de Jamaica. Se usa en todo tipo de pasteles, galletas (*cookies*) y pudin de frutas. El jengibre escarchado o el tallo de jengibre en almíbar picado son dulces perfectos para acompañar helado y pasteles de frutas.

**MACIS** Es la corteza, de color rojo o rosado, que cubre la nuez moscada. Su sabor es ligeramente más refinado y se le asocia con el pescado y los mariscos, sobre todo los langostinos. También resulta bien en carnes especiadas, cerdo y pollo a la brasa, y pastel de especias. Se puede comprar molido o sacarlo uno mismo de las nueces.

**MOSTAZA** Se ha comprobado que las semillas de mostaza, molidas y mezcladas en una pasta con vinagre o vino oloroso, fueron un condimento habitual ya en tiempos de la antigua Roma. La mostaza florece en climas templados. Hay, al menos, tres variedades pero sólo dos se usan de manera comercial: mostaza negra (*Brassica juncea*) y blanca (*Sinapis alba*). La mayoría de los europeos prefieren la primera, mientras que la mostaza inglesa es una combinación de ambas. Las semillas de mostaza enteras sirven como especia y en polvos de curry, y el condimento es bueno en salsas de queso, platos picantes, aliños de ensaladas y verduras cocinadas, y con rosbif y salchichas.

**NUEZ MOSCADA** Es el interior de la semilla de *Myristica fragrans*. Es originaria de las Molucas, las Indias orientales, y fue introducida en Penang y las Indias occidentales por los ingleses a principios del siglo XIX. La nuez moscada es muy útil en platos de curry, besamel y salsas de queso, tartas de frutas y suflés, y es condimento esencial en plátanos al horno, ponches y vino con especias. Se puede comprar ya molida pero, como otras muchas especias, pierde su aroma rápidamente; es, por ello, preferible conseguir las nueces enteras (y mejor con su macis) y molerlas.

**PIMENTÓN** Es la carne molida y seca del pimiento rojo, *Capsicum annuum*. Conocido en toda Europa, especialmente en Hungría, donde se produce el más famoso (la paprika), es un ingrediente esencial en el *goulash* de ternera. Además, gracias a su color rojo y su sabor suavemente picante, es perfecto en salsas de tomate y guisos.

**PIMIENTA EN GRANO** Es, seguramente, la especia más antigua de todas. Son las bayas secas de una vid originaria de la costa Malabar de la India, aunque también crece en Indonesia, Tailandia, África ecuatorial y en las islas de los Mares del Sur. Los granos de pimienta negra y blanca son, en esencia, los mismos. La baya de la pimienta blanca, con su aromática cubierta que debe retirarse antes de secar, es la más fuerte, y los granos verdes son las bayas no maduras que se adoban en salmuera y se envasan. La pimienta molida pierde su sabor rápidamente, así que hay que usarla recién molida, sea blanca o negra –la última en salsas claras y platos de pescado–, para cocinar y comer. La combinación de granos de pimienta blanca y negra se conoce con el nombre de «pimienta *mignonette*» y resulta una mezcla muy agradable si además se le añaden unos pocos granos de pimienta inglesa.

**SEMILLAS DE AMAPOLA** Son perfectas en panes y pastas, así como para sazonar y espesar los platos de curry. Se obtienen de distintas variedades de la flor (incluso *Papaver somniferum*, la amapola del opio). El color de las semillas va desde el azul oscuro hasta casi el blanco. Son muy duras y es necesario molerlas en tartas y platos de curry, aunque se usan enteras para espolvorear los panes.

**AZAFRÁN** *Crocus sativa* es la especia más apreciada; tiene un fuerte aroma y color naranja. Para producir unos 450 g de la especia se necesitan los estigmas de unas 75.000 flores de azafrán y, por ello, es también la más cara de las especias. Originario del Mediterráneo, así como de Asia Menor, Kashmir e Irán, el azafrán es característico de platos de pescado, como la bullabesa, en paellas, platos de curry y *pilafs*. Es preferible comprar azafrán en forma de hebra, aunque debe hervir en infusión al preparar el plato. Los polvos que se venden como azafrán molido suelen ser cúrcuma.

**SÉSAMO** El sésamo, *Sesamum indicum*, tiene un delicioso sabor a nuez. Molidas, las semillas pueden espolvorearse sobre panes y tartas, manzanas o plátanos azucarados, platos de curry y pescados gratinados, huevos o verduras, buscando un acabado crujiente. El aceite se usa en ensaladas y para aderezar platos chinos. La planta tiene su origen en Oriente Próximo, pero ahora se cultiva ya en áreas subtropicales, como la India, Tailandia y América.

**CÚRCUMA** Es el rizoma hervido, seco y molido de *Curcuma longa*, una planta emparentada con el jengibre y nativa del sur de la India e Indonesia. De color amarillo y sabor amargo, es perfecta en la salsa de cebolla, puerros gratinados y platos de pescado ahumado. Al igual que el azafrán, la cúrcuma se usa como tinte y cosmético en ciertas partes de Asia. Puede sustituir al azafrán gracias a su color amarillo, aunque su sabor se apreciará distinto.

**VAINILLA** Los aztecas usaban las vainas secas y curadas de la orquídea trepadora, o *Vanilla planifolia*, para dar sabor a su chocolate líquido. En la actualidad, crece por todo el Trópico y es un condimento universal para platos dulces. Su aroma se desprende haciendo una infusión con la vaina o usando azúcar vainillada. Puede usarse también esencia de vainilla (extracto), aunque el sabor no resulta tan bueno. La vainilla es tan popular que se ha creado un condimento químico para imitarla, que es el que se comercializa como «preparado con sabor a vainilla».

**DERECHA**
*Clasificación de raíces de jengibre para su compra.*

# Frutos secos picantes

**INGREDIENTES PARA 4-6 PERSONAS**

Salen 225 g

225 g de frutos secos pelados (almendras, cacahuetes, anacardos o una mezcla de todo)

1 cucharada de aceite

15 g de mantequilla

1 diente de ajo, machacado

Sal gorda

Pimienta de cayena

Cubrir las almendras con agua hirviendo, refrescarlas con agua fría y quitar las pieles. Tostar los cacahuetes durante 2 minutos y quitarles las pieles con un paño.

En una sartén de fondo grueso, calentar el aceite y la mantequilla y freír el ajo durante unos segundos.

Añadir las almendras y los cacahuetes, bajar el fuego y saltearlos entre 4 y 6 minutos, hasta que estén crujientes y dorados. Escurrir sobre papel absorbente y rebozar en sal gorda y cayena. Servir caliente.

**VARIANTE:** Las legumbres estilo Bombay se hacen igual pero con garbanzos en conserva escurridos y secos.

# Bhajis de cebolla

## INGREDIENTES

| |
|---|
| Salen 10-12 |
| 2 cucharadas de aceite |
| $^1/_2$ cucharadita de semillas de mostaza molidas |
| 1 cucharadita de semillas de alholva |
| 1 cucharadita de cúrcuma molida |
| 1 cebolla mediana, picada muy fina |
| 1 pizca de guindilla en polvo (opcional) |
| $^1/_2$ cucharadita de sal |
| 1 huevo |
| 100 g de harina gram (de garbanzos) |
| Aceite para freír |

Calentar el aceite y freír las especias durante un minuto. Añadir la cebolla y rehogar hasta que quede bien bañada por las especias.

Bajar el fuego, tapar y cocer hasta que la cebolla esté tierna pero no blanda. Dejar enfriar.

Añadir la sal, el huevo y la harina gram y remover.

Freír medias cucharadas de esta mezcla en 1 cm de aceite caliente, dando la vuelta enseguida. Tan pronto como los *bhajis* se inflen y estén dorados, retirarlos con una espumadera y escurrirlos sobre papel absorbente. Servir caliente.

Los «Bhajis de cebolla» pueden mantenerse calientes en el horno a temperatura moderada durante 20 minutos antes de servirse, pero no se pueden preparar con antelación ni recalentarse.

**VARIANTE:** Hacer los *bhajis* a la mitad de su tamaño y servirlos con palillos o pinchitos.

# Kofta de pescado

**INGREDIENTES PARA 4-6 PERSONAS**

| |
|---|
| 350 g de pescado blanco, cocido |
| 1 cebolla pequeña, rallada |
| 1 cucharadita de cilantro molido |
| $1/2$ cucharadita de cúrcuma molida |
| $1/2$ cucharadita de comino molido |
| $1/2$ cucharadita de guindilla en polvo |
| 1 pizca de jengibre en polvo |
| 1 cucharada de zumo de lima |
| Sal al gusto |
| 2 huevos, ligeramente batidos |
| Pan rallado |
| Aceite para freír |

Aplastar o triturar todos los ingredientes, excepto los huevos, el pan rallado y el aceite.

Formar bolas pequeñas, pasarlas por huevo batido y pan rallado y freírlas hasta que estén doradas.

Escurrir sobre papel absorbente y servir calientes, con palillos o pinchitos y alguna salsa para untar.

# *Nachos*

### INGREDIENTES

Salen 32 piezas

1 cebolla pequeña o 3 cebolletas, picadas muy finas

2 chiles frescos verdes, despepitados y picados muy finos

3 cucharadas de aceite, aproximadamente

8 tortillas de maíz o de harina

75 g de queso cheddar curado, cortado en tiras o rallado

Freír la cebolla (o las cebolletas) junto con los chiles en un poco de aceite hasta que esté blanda y empiece a tomar color. Escurrir y reservar.

Añadir el aceite restante y freír las tortillas por ambos lados hasta que estén doradas. Escurrir sobre papel absorbente y mantener calientes mientras se fríen las demás tortillas.

Poner las tortillas fritas en una bandeja de horno, cubrir con la mezcla de cebolla y chiles y espolvorear con queso rallado. Gratinar en el grill hasta que el queso se derrita.

Cortar las tortillas en cuatro pedazos y servir los nachos inmediatamente.

**NOTA:** Si se hacen las tortillas con antelación, se pueden recalentar en el horno precalentado a 220 °C de 5 a 7 minutos, de manera que las bases de las tortillas estén bien calientes.

# Sopa fría de chile y tomate

### INGREDIENTES PARA 4 PERSONAS

| |
|---|
| 2 tomates despepitados y cortados en cuatro pedazos |
| 2 cebolletas, picadas |
| 1 cucharadita de chile en polvo |
| ½ cucharadita de cilantro molido |
| 1 cucharadita de azúcar |
| 1 cucharada de zumo de limón |
| Sal y pimienta negra recién molida |
| Cebollino picado |

Licuar o triturar todos los ingredientes, excepto el cebollino, hasta conseguir una mezcla uniforme. Reservar en el frigorífico.

Rectificar el punto de sazón y servir la sopa fría, en cuencos individuales, con uno o dos cubitos de hielo en cada cuenco y espolvoreada con el cebollino.

Una buena idea para este plato es añadir un chorrito de nata agria o nata líquida.

# Sopa de pescado al azafrán con rouille

### INGREDIENTES PARA 6 PERSONAS

| |
|---|
| 1 cebolla grande, picada |
| 3 dientes de ajo, machacados |
| 75 ml de aceite de oliva |
| 30 g de salsa de tomate |
| 1,35 kg de pescado, y recortes de pescado de unos 5 cm |
| 1,5 litro de agua |
| 300 ml de vino blanco seco |
| Unas ramitas de tomillo y laurel |
| 2,5 g de hebras de azafrán o más, si gusta |
| ½ cucharadita de azúcar |
| Sal y pimienta negra recién molida |
| 450 g de patatas peladas y cortadas en pedazos de 2,5 cm |
| 12 rebanadas de pan, tostadas |
| Queso parmesano recién rallado |

### PARA LA SALSA *ROUILLE*

| |
|---|
| 1-2 guindillas frescas rojas, cortadas por la mitad |
| 1 pimiento morrón en lata, troceado |
| 3-4 dientes de ajo, picados muy finos |
| 4 cucharadas de aceite de oliva |
| Sal al gusto |

En una cazuela, rehogar la cebolla y el ajo en el aceite hasta que se ablanden. Añadir la salsa de tomate y cocer durante unos minutos.

Añadir el pescado y los recortes, el agua, el vino, las hierbas, el azafrán, el azúcar, sal y pimienta. Llevar a ebullición y cocer a fuego lento, sin tapar, durante media hora. Escurrir el líquido de cocción y ponerlo en otro cazo. Añadir las patatas y cocer a fuego lento durante 15-20 minutos, hasta que estén tiernas. Retirar 1/4 parte de las patatas con una espumadera y reservar.

Triturar la sopa: no tiene que quedar demasiado uniforme. Volver a poner en la cazuela y rectificar el punto de sazón.

Para hacer la salsa *rouille*, cocer las guindillas despepitadas en un poco de agua con sal hasta que se ablanden. Escurrirlas y picarlas muy finas. Pasar por el pasapurés o triturar las guindillas, el pimiento, el ajo y las patatas reservadas, debiendo quedar la crema espesa y homogénea. Seguidamente añadir el aceite poco a poco, como para hacer una mahonesa. Salpimentar al gusto.

Para servir, recalentar la sopa y añadir dos cucharadas de la misma a la salsa. Poner 2 rebanadas de pan en unos cuencos individuales, cubrir con la sopa y servir el *rouille* y el queso parmesano aparte.

*Esta aromática sopa, pariente cercana de la Bullabesa, se sirve con una extraordinaria salsa picante de ajo. Puede utilizarse cualquier clase de pescado blanco, con la misma cantidad de recortes de pescado.*

# Sopa de maíz y guindilla

**INGREDIENTES PARA 3-4 PERSONAS**

1-2 guindillas frescas rojas

1 cebolla mediana, picada muy fina

40 g de mantequilla

225 g de maíz en grano, en conserva o congelado

600 ml de leche

Sal y pimienta al gusto

$^1/_2$ pimiento rojo, despepitado y cortado en láminas finas o en dados pequeños (opcional)

Abrir las guindillas, quitarles las pepitas y sumergirlas en agua fría con sal durante una hora, cambiando el agua de vez en cuando. Escurrirlas y picarlas muy finas.

Rehogar las guindillas y la cebolla en la mantequilla hasta que se ablanden, añadir el maíz y cocer durante 1 minuto más, removiendo bien.

Añadir la leche, tapar y cocer a fuego lento durante 7 minutos.

Pasar por el pasapurés toda la sopa, o solamente la mitad, sin dejar que quede demasiado uniforme.

Recalentar, salpimentar y servir, decorado, si se quiere, con tiras de pimiento.

# Guacamole

### INGREDIENTES PARA 4 PERSONAS

| |
|---|
| 2 aguacates maduros |
| 1 cebolla pequeña, picada o rallada |
| 1 tomate, despepitado y picado muy fino |
| 1 diente de ajo, machacado |
| $1/2$-$1 1/2$ chile fresco verde, despepitado y picado |
| 1 cucharada de zumo de lima o de limón |
| 1 pizca generosa de sal |

Cortar los aguacates por la mitad y retirar la pulpa. Triturarla junto con los demás ingredientes, hasta conseguir un puré homogéneo, añadiendo un poco de agua si queda demasiado espeso. Meter al frigorífico.

Servir como salsa para untar con tortitas de maíz, pan de pita caliente o verdura cruda cortada en pedacitos.

**NOTA:** El guacamole se ennegrece si no se come inmediatamente. Sin embargo, se puede guardar en el frigorífico hasta 2 horas si se rocía con zumo de limón y se cubre con film transparente.

# Brochetas de higadillos de pollo

### INGREDIENTES PARA 3-4 PERSONAS

| |
|---|
| 450 g de higadillos de pollo, sin membranas y cortados en pedazos pequeños |
| 1 cucharada de zumo de limón |
| 1 cucharadita de pimentón |
| $1/2$ cucharadita de guindilla en polvo |
| 1 cucharadita de comino |
| 1 cucharadita de sal |
| 1 pimiento verde, despepitado y cortado en cuartos |
| 1 cebolla pequeña |
| 3 cucharadas de aceite |
| 2 cucharadas de cilantro fresco picado |

Rociar los higadillos de pollo con zumo de limón y dejar reposar durante 10 minutos.

Mezclar el pimentón, la guindilla en polvo, el comino y la sal. Escaldar el pimiento en agua hirviendo durante 3 minutos y seguidamente pasarlo por agua fría. Escurrirlo y cortarlo en cuadrados de 2,5 cm.

Secar los higadillos y espolvorearlos con la mezcla de especias. Ensartarlos en brochetas, alternándolos con pedazos de pimiento y de cebolla.

Asar las brochetas en el grill o a la barbacoa a fuego fuerte, lo más cerca posible del fuego. Dar la vuelta de vez en cuando y untar con el aceite hasta que estén doradas, pero ligeramente crudas por dentro (durante 5 minutos como máximo).

Servir las brochetas inmediatamente, espolvoreadas con el cilantro fresco.

# Cebiche

**INGREDIENTES PARA 4 PERSONAS**

| |
|---|
| 450 g de lomos de pescado blanco, sin piel y cortados en dados |
| 100 ml de zumo de lima |
| 1 cebolla pequeña, picada muy fina |
| 1 tomate grande, pelado, despepitado y picado |
| 1-2 chiles frescos verdes, despepitados y cortados en rodajas finas |
| 45 ml de aceite de oliva |
| Sal |
| 1 aguacate pequeño maduro, pelado, deshuesado y cortado en láminas (opcional) |

Poner el pescado en un cuenco de cristal, rociarlo con el zumo de lima, tapar y dejar marinar de 4 a 6 horas o toda la noche.

Media hora antes de servir, añadir los demás ingredientes, excepto el aguacate, y sazonar al gusto.

Dejar enfriar un rato y servir decorado con las rodajas de aguacate, si se utiliza.

*En este plato mejicano, el zumo de lima es el que «cocina» el pescado.*

# Alas de pollo picantes

**INGREDIENTES PARA 3-4 PERSONAS**

| |
|:-:|
| 2 cucharadas de aceite |
| 1-2 dientes de ajo, machacados |
| 1 cucharada de salsa *Worcestershire* |
| 1 cucharada de tomate ketchup |
| 1 cucharadita de azúcar |
| 1 pizca generosa de sal |
| 2 cucharaditas de mostaza |
| 1 cucharada de zumo de limón |
| 12 alas de pollo |
| Harina |
| Manteca o aceite, para freír |

Mezclar el aceite, el ajo, la salsa *Worcestershire*, el ketchup, el azúcar, la sal, la mostaza y el zumo de limón.

Hacer unos cortes en diagonal en la parte carnosa de las alas de pollo y meterlas en una bolsa de plástico fuerte. Verter la marinada en la bolsa y cerrarla. Poner la bolsa en un plato y dejar marinar durante varias horas, dando la vuelta de vez en cuando.

Retirar las alas de pollo de la marinada, escurrirlas y pasarlas por la harina.

Freírlas en un poco de manteca o aceite caliente durante 10 minutos aproximadamente, dando la vuelta de vez en cuando, hasta que estén uniformemente doradas y hechas.

Servir caliente o templado con salsa de aguacate.

Dado que este plato se come mejor con las manos, es conveniente tener unas servilletas de papel a mano.

**VARIANTE**: En lugar de freír las alas de pollo, pueden asarse en el grill del horno –en cuyo caso no es preciso pasarlas por harina–, y untarse con la marinada.

# Aguacates rellenos de cangrejo al horno

**INGREDIENTES PARA 4 PERSONAS**

15 g de mantequilla

15 g de harina

175 ml de leche caliente

1 cucharadita de queso parmesano rallado

1 cucharadita de salsa de tomate

200 g de carne de cangrejo, en conserva o congelada, desmigada

Sal y tabasco al gusto

2 aguacates maduros

Temperatura del horno: 175 °C

Derretir la mantequilla a fuego lento. Añadir la harina y cocer durante 1 minuto, sin que tome color. Incorporar la leche caliente, poco a poco, y cocer a fuego lento durante 4 minutos.

Retirar del fuego y añadir el queso, la salsa de tomate y la carne de cangrejo. Sazonar al gusto.

Cortar los aguacates por la mitad y quitarles el hueso. Retirar 2 cucharaditas de la pulpa, aplastarla y añadirla a la mezcla de cangrejo.

Rellenar los aguacates con esta mezcla y disponerlos en una fuente de horno. Meter al horno precalentado durante 20 minutos aproximadamente, hasta que estén bien calientes y empiecen a dorarse.

Servir inmediatamente.

**VARIANTE:** Si se utiliza carne de cangrejo fresca, cocerla a fuego lento en un poco de agua y vino blanco, utilizando parte del líquido de cocción para sustituir a la mitad de la leche cuando se haga la salsa.

## Paté de gambas

**INGREDIENTES PARA 4 PERSONAS**

| |
|:---:|
| 75 g de mantequilla |
| 550 g de gambas cocidas |
| $1/2$ cucharadita de pimienta negra recién molida |
| 1 pizca de pimienta de cayena |
| $1/2$ cucharadita de macis molido |
| Sal al gusto |
| 2 cucharadas de nata líquida |
| Triángulos de pan de molde tostado |
| Gajos de limón |

En una sartén, derretir 1/3 de la mantequilla y rehogar a fuego lento las gambas, las especias, sal y pimienta durante 3 minutos.

Añadir la nata, rectificar el punto de sazón y poner la mezcla en moldes individuales. Verter por encima la mantequilla derretida restante. Meter al frigorífico.

Servir con el pan de molde y gajos de limón.

## Burritos

**INGREDIENTES PARA 6-8 PERSONAS**

| |
|:---:|
| Tortillas de harina |
| Guacamole (*ver* receta) |
| Salsa de chile y tomate (*ver* receta) |
| 300 g de frijoles refritos en conserva |
| Ensalada mejicana de tomate (la mitad de las cantidades dadas en la receta) |
| 1 lechuga pequeña de hojas duras, cortada en tiras |
| 1 cebolla pequeña, cortada en aros |
| 1 pimiento rojo o verde grande, despepitado y cortado en láminas |
| 225 g de queso cheddar, cortado en tiras o rallado |
| 150 ml de nata agria o nata líquida |

*Este apetitoso aperitivo mejicano consiste en unas tortillas de harina que envuelven un relleno (picante, frío, suave o ligeramente especiado). Dado que como mejor se comen es con las manos, es conveniente tener a mano gran cantidad de servilletas de papel.*

*Para despertar la imaginación y que los invitados se sirvan a su gusto, se pueden sacar los ingredientes antes mencionados por separado, en cuencos (para los ingredientes calientes se pueden utilizar infiernillos).*

*Tarta de aguacate*

# Tarta de aguacate

**INGREDIENTES PARA 6 PERSONAS**

150 g de harina

1 cucharadita de pimentón

1 pizca de sal

100 g de mantequilla

1 yema de huevo

Un poco de agua helada

300 ml de salsa de chile y tomate, fría

2 aguacates maduros, pelados y cortados en láminas

Zumo de limón

3 cucharadas de nata agria

3 cucharadas de cilantro fresco o perejil picado

Temperatura del horno: 200 °C

Tamizar la harina, el pimentón y la sal. Añadir la mantequilla poco a poco hasta que la mezcla se parezca a pan rallado. Añadir la yema de huevo y el agua, y formar una masa consistente que no se pegue a las manos.

Distribuir con la mano la masa quebrada así formada en un molde de tarta de 22 cm de diámetro. Cubrirla con papel de aluminio engrasado, llenar el molde con alubias y meter al horno unos 20 minutos.

Retirar el papel de aluminio y las alubias y meter el molde nuevamente al horno durante otros 5 minutos hasta que se dore. Desmoldar la masa con cuidado mientras esté caliente y dejarla enfriar sobre una rejilla.

Poner el fondo de masa en una fuente y cubrir con la salsa de tomate. Disponer las láminas de aguacate y rociar con un poco de zumo de limón. Añadir la nata (aligerada con zumo de limón, si fuera necesario) y espolvorear con cilantro o perejil picado. Servir inmediatamente con una salsa de aguacate, si se desea.

# Pimientos mejicanos rellenos

**INGREDIENTES PARA 4 PERSONAS**

5 pimientos medianos verdes o rojos

1 chile fresco verde, despepitado y picado

1 cebolla pequeña, picada muy fina

2 cucharadas de aceite de oliva

100 ml de agua

1 cucharada de salsa de tomate

$1/2$ cucharadita de orégano seco

50 ml de zumo de lima

Sal, pimienta y azúcar al gusto

**PARA EL RELLENO**

2 guindillas frescas verdes o chiles jalapeños en conserva (estos chiles son picantes)

1 cucharada de aceite de oliva

1 cebolla grande, cortada en láminas finas

225 g de queso cremoso

4 cucharadas de granos de granada (opcional)

Preparar los pimientos con un día de antelación. Chamuscar 4 de ellos sobre la llama o en el grill hasta que la piel se levante. Envolver en un paño y dejar enfriar. Quitar la piel bajo el grifo. Abrir los pimientos por un lado y retirar con cuidado el corazón y las pepitas.

Freír los chiles en el aceite junto con la cebolla hasta que se ablande. Añadir el agua, la salsa de tomate, el orégano, el zumo de lima, sal, pimienta y azúcar. Cocer a fuego lento durante 5 minutos, incorporar los pimientos y cocer durante 10 minutos, dando la vuelta una sola vez, hasta que estén tiernos.

Poner los pimientos en una fuente. Llevar a ebullición la marinada y cocer a fuego fuerte hasta que quede reducida a unas pocas cucharadas. Verter sobre los pimientos, tapar y dejar enfriar durante toda la noche.

Para hacer el relleno, chamuscar, despepitar y picar el pimiento restante y despepitar y cortar los chiles en sentido longitudinal en tiras finas. Calentar el aceite y rehogar la cebolla, los chiles y el pimiento durante unos 10 minutos, hasta que se ablanden. Dejar enfriar.

Añadir el queso y 2/3 de la granada, si se utiliza, y sazonar al gusto. Rellenar los pimientos y servir fríos, espolvoreados con la granada restante.

# Panqueques de queso y chile

#### INGREDIENTES PARA 8 PERSONAS

100 g de harina

1 pizca generosa de sal

1 huevo

300 ml de leche aproximadamente

50 g de mantequilla

#### PARA EL RELLENO

225 g de requesón

1 yema de huevo

1 1/2-2 chiles frescos verdes, despepitados y picados

2 cucharadas de perejil picado o cebollino

Sal y pimienta blanca al gusto

En primer lugar, hacer la masa de panqueques. Tamizar la harina y la sal sobre un cuenco y hacer un hueco en el centro. Añadir el huevo y un poco de leche y mezclar con la harina. Añadir la mitad de la leche restante poco a poco, removiendo, hasta conseguir una masa espesa y homogénea. Derretir la mitad de la mantequilla y añadirla a la masa. Añadir la leche restante, mezclar y meter al frigorífico durante una hora como mínimo.

Para hacer el relleno, mezclar el requesón, la yema de huevo, los chiles y el perejil o cebollino y salpimentar al gusto. Dejar enfriar hasta que se utilice.

Untar el fondo de una sartén pequeña con mantequilla y calentar a fuego fuerte para hacer los panqueques. Añadir 2 cucharadas de masa y mover la sartén para distribuir la masa uniformemente. Cuando esté dorado por debajo, poner en un plato y cubrir con un paño. Hacer el resto de panqueques de la misma manera.

Introducir, más tarde, 1/8 parte de la mezcla de queso sobre la parte dorada y doblar los lados y los extremos formando un paquete. Para servir, calentarlos en mantequilla a fuego suave hasta que se doren.

# Suflé de queso

#### INGREDIENTES PARA 4 PERSONAS

40 g de mantequilla

25 g de harina

1 cucharadita de mostaza

1 cucharadita de cilantro molido

1/2 cucharadita de comino molido

1/2 cucharadita de nuez moscada rallada

1/2 cucharadita de azúcar

300 ml de leche caliente

150 g de queso cheddar, rallado

30 g de queso parmesano rallado

Sal y pimienta blanca al gusto

Unas gotas de tabasco (opcional)

6 huevos, separadas las yemas de las claras

Temperatura del horno: 220 °C

Derretir la mantequilla a fuego lento. Añadir la harina, la mostaza, las especias y el azúcar y remover durante unos minutos, sin dejar que la harina tome color.

Inmediatamente después, añadir la leche caliente poco a poco y cocer a fuego lento durante 4 minutos, removiendo para que se haga bien la harina y no queden grumos.

Retirar del fuego, incorporar las dos clases de queso (que se derretirán inmediatamente) y sazonar con sal, pimienta blanca y tabasco, si gusta. Añadir las yemas de huevo, una por una, y mezclar.

Montar las claras a punto de nieve con una pizca de sal. Añadir una cucharada de claras montadas a la salsa caliente para aligerarla y seguidamente incorporar la salsa a las claras restantes.

Poner la mezcla en un molde de suflé de 1,25 l untado con mantequilla, meter al horno y cocer de 25 a 30 minutos, según se quiera que quede más o menos cremoso por dentro.

Servir inmediatamente, acompañado de una ensalada de tomate.

# Tagliatelle con guindilla y hierbas

### INGREDIENTES PARA 2 PERSONAS

1 guindilla fresca roja

1 cucharada y $^1/_2$ de aceite

1 cebolla mediana, picada muy fina

1 diente de ajo, machacado

1 cucharada y $^1/_2$ de salsa de tomate

Un puñado de orégano fresco, albahaca o mejorana, picado muy fino

150-225 g de tagliatelle frescos al huevo

1 tomate grande (que pese 225 g aproximadamente), pelado y picado o 1 lata de tomate de 225 g, semiescurrida

Sal, azúcar y pimienta negra recién molida al gusto

Abrir la guindilla y quitarle las pepitas. Sumergirla en agua fría con sal durante una hora, escurrirla y cortarla en rodajas finas.

Calentar el aceite y freír la cebolla, el ajo y la guindilla hasta que la cebolla empiece a tomar color. Añadir la salsa de tomate y 1 cucharada de las hierbas frescas escogidas.

Cocer los tagliatelle en abundante agua hirviendo con sal hasta que estén «al dente».

Mientras tanto, añadir el tomate, fresco o de lata, a la mezcla anterior, salpimentar y cocer a fuego lento durante 3 ó 4 minutos.

Un momento antes de servir, añadir las hierbas restantes a la salsa y calentar brevemente.

Una vez escurrida la pasta, cubrirla con la salsa y servir inmediatamente. Si se quiere añadir queso, utilizar queso parmesano recién rallado.

# Curry malayo de pescado

**INGREDIENTES PARA 6 PERSONAS**

350 g de coco seco

300 ml de agua hirviendo

675 g de pescado blanco

Sal y pimienta

2 cebollas grandes, picadas

2 dientes de ajo, picados

1 cucharadita de cilantro molido

$1/2$ cucharadita de comino molido

$1/2$ cucharadita de cúrcuma molida

1 cucharadita de azúcar

3-4 guindillas secas, rojas, sumergidas en agua caliente o 1-1 cucharadita y $1/2$ de guindilla en polvo

$1/2$ cucharada de pulpa de tamarindo, sumergida en 4 cucharadas de agua caliente durante 20 minutos y exprimida o 4 cucharadas de zumo de lima

3 cucharadas de aceite

2 cucharadas de pasta de anchoa o *blachan*

En primer lugar, preparar la leche de coco. Para ello, poner el coco seco en un cuenco hondo y cubrir con el agua hirviendo. Dejar reposar durante 15 minutos. Seguidamente, exprimir el líquido y tirar el coco. Meter la leche de coco así obtenida en el frigorífico hasta que se vaya a utilizar.

Quitar la piel y las espinas al pescado, cortarlo en pedazos pequeños y salpimentar.

En una batidora, robot de cocina o mortero, triturar las cebollas, el ajo, el cilantro, el comino, la cúrcuma, el azúcar, las guindillas o la guindilla en polvo y el jugo de tamarindo o el zumo de lima, hasta conseguir una pasta espesa. Puede ser necesario hacer esta operación en dos veces.

Freír la mezcla anterior en el aceite durante unos 2 minutos; seguidamente, añadir la pasta de anchoa o *blachan* (pasta de pescado oriental) y cocer durante otro minuto.

Añadir el pescado y la leche de coco y cocer a fuego lento, sin que llegue a hervir, de 7 a 10 minutos, o hasta que el pescado esté hecho. Rectificar el punto de sazón.

Servir caliente, acompañado de abundante arroz hervido.

# Pescado al horno con cilantro

**INGREDIENTES PARA 4 PERSONAS**

1 cucharada de cilantro molido

1 pizca de guindilla en polvo

$1/2$ cucharadita de pimienta inglesa molida

225 ml de yogur natural

La ralladura y el zumo de una naranja pequeña

750 g de lomos de pescado blanco sin piel o una pieza entera de pescado

2-3 cucharadas de cilantro fresco picado

Temperatura del horno: 175 °C

Freír las especias en aceite durante 1 minuto para que desprendan su aroma.

Retirar del fuego y añadir el yogur, la ralladura y el zumo de naranja. Mezclar bien todo hasta que quede uniforme.

Hacer unos cortes profundos en el pescado y ponerlo en una bandeja de horno. Cubrir bien con la mezcla de yogur y naranja, tapar y dejar marinar de 2 a 3 horas, aproximadamente.

Meter el pescado con su marinada en el horno precalentado y cocer de 30 a 45 minutos, dependiendo del grosor del pescado.

Servir bien caliente, espolvoreado con cilantro fresco picado.

# Pez espada frito con almendras

**INGREDIENTES PARA 4 PERSONAS**

4 lomos de pez espada

1 pizca de guindilla en polvo

Sal

75 g de almendras, en láminas

40 g de *ghi* (mantequilla clarificada) o de mantequilla

2 cucharadas de zumo de lima

Sazonar los lomos de pescado con guindilla y sal al gusto. Freír las almendras en el *ghi* o la mantequilla durante 2 minutos hasta que estén doradas. Escurrir y reservar hasta que se vayan a utilizar.

Freír los lomos de pescado durante 4 minutos por cada lado y añadir el zumo de lima, tapar y cocer durante otros 10 minutos.

Servir sobre una base de arroz, cubierto con las almendras y rociado con el jugo de la sartén.

*Este plato puede hacerse con lomos de cualquier pescado de carne firme pero, ya que el pez espada es más fácil de conseguir, merece la pena utilizarlo.*

# *Brochetas de pescado*

**INGREDIENTES PARA 4 PERSONAS**

| |
|:---:|
| 2-3 guindillas |
| El zumo de 2 limas |
| 1 cucharada de aceite |
| 450 g de pescado blanco, fileteado y sin piel |
| 2 plátanos pequeños, no demasiado maduros |
| Gajos de lima |

Sumergir las guindillas en agua caliente durante media hora. Remojarlas, picarlas muy finas y mezclarlas con la mitad del zumo de lima y el aceite.

Cortar el pescado en pedazos de 2,5 cm y ponerlos en un plato. Cubrir con la mezcla de guindilla y dejar marinar en un lugar fresco (no en el frigorífico) durante 1 ó 2 horas.

Pelar los plátanos, cortarlos en rodajas de 10 mm y rociarlos con el zumo de lima restante.

Ensartar los pedazos de pescado marinado en brochetas planas, alternándolos con rodajas de plátano.

Asar las brochetas en el grill o a la barbacoa, dando la vuelta con frecuencia y untando con la marinada, hasta que el pescado esté hecho.

Servir inmediatamente, acompañado de arroz blanco, ensalada de lechuga y gajos de lima.

# Gambas fritas al jengibre

**INGREDIENTES PARA 2 PERSONAS**

| |
|---|
| 350 g de gambas grandes (o langostinos) |
| 4 cm de raíz de jengibre fresco, pelada y rallada |
| El zumo de 1 lima |
| 1 cucharada de jerez seco |
| 1 cucharada de aceite |
| 1 pizca de sazonador de 5 especias |
| Sal, pimienta y azúcar al gusto |

Pelar las gambas, quitarles las venas y meterlas en una bolsa de plástico fuerte. Añadir el jengibre, el zumo de lima y el jerez y cerrar la bolsa. Poner la bolsa en un cuenco y dejar marinar en un lugar fresco (no en el frigorífico) de 2 a 4 horas.

Calentar el aceite en un *wok* o en una sartén grande. Escurrir las gambas de la marinada y freírlas de 2 a 3 minutos, según el tamaño que tengan, hasta que estén hechas pero no blandas.

Añadir el sazonador de 5 especias y la marinada y sazonar al gusto. Calentar la salsa y servir inmediatamente.

# Solomillo a la pimienta

**INGREDIENTES PARA 4-5 PERSONAS**

1 cucharada de aceite

900 g de solomillo de buey

1 cucharada de mostaza

50 g de pimienta negra en grano, machacada

Temperatura del horno: 230 °C

En una sartén, calentar el aceite y dorar el solomillo rápidamente por todos los lados para que se forme costra (esta operación no debe durar más de 2 minutos).

Untar la carne con la mostaza y rebozarla en la pimienta negra, apretando para que se adhiera. Envolver en papel de aluminio y meter al frigorífico durante 2 horas.

Pasado este tiempo, poner el solomillo en una bandeja de horno, sin sacar del envoltorio de papel de aluminio, y meter al horno precalentado durante 25 minutos.

Poner el solomillo en una tabla de cortar y desenvolverlo, cuidando de que la costra de pimienta no se rompa. Poner un peso encima y meter al frigorífico durante toda la noche.

Servir la carne cortada en rodajas de 4 mm de grosor y acompañada de ensalada de patatas nuevas.

*A pesar de que a los puristas en la materia les espante la idea, la combinación de la carne cruda fría y los granos de pimienta picantes y aromáticos resulta extraordinaria. La pimienta puede retirarse un momento antes de servir; su fragancia ya habrá penetrado en la carne.*

# Souzoukaklia

**INGREDIENTES PARA 6 PERSONAS**

| |
|---|
| 675 g carne de buey picada, no demasiado magra |
| 1 cebolla mediana, rallada |
| 1 manojo pequeño de perejil, picado muy fino |
| ½ cucharadita de pimienta de cayena |
| ½ cucharadita de canela |
| 1 cucharadita de pimienta inglesa |
| ½ cucharadita de cilantro molido |
| 1 pizca de nuez moscada molida |
| ½ cucharadita de azúcar |
| 50 g de pasas (opcional) |
| Sal y pimienta al gusto |
| Un poco de aceite |
| Gajos de limón |

Mezclar todos los ingredientes, excepto el aceite y los gajos de limón, hasta conseguir una pasta. Para ello, puede utilizarse una batidora o un robot de cocina.

Dar forma de salchichas planas a la carne y ensartarla en brochetas planas.

Untar las brochetas con el aceite y asarlas en el grill o a la barbacoa hasta que estén doradas por fuera y ligeramente sonrosadas por dentro.

Sacar de las brochetas y servir sobre una base de arroz o dentro de pan de pita caliente, acompañadas de gajos de limón.

*Este plato es una sabrosa combinación griega entre hamburguesa y brocheta.*

# Carne rehogada con pimienta de Sechuan

#### INGREDIENTES PARA 2-3 PERSONAS

350 g de carne magra para filetes

1 cucharada y $^1/_2$ de aceite vegetal

$^1/_2$ cucharada de salsa de soja ligera

1 cucharada de cebolleta picada muy fina

1 cucharadita de pimienta de Sechuan, ligeramente machacada

Sal al gusto

1 cucharadita de aceite de sésamo

Meter la carne al frigorífico hasta que esté bien fría. Cortarla en tiras de 10 x 1 cm y no más de 3 mm de grosor.

Mezclar dos tercios del aceite vegetal con la salsa de soja y la cebolleta e incorporar la carne. Tapar y dejar marinar durante 2 horas.

Calentar el aceite restante en un *wok* o en una sartén de fondo grueso y saltear la pimienta de Sechuan durante 30 segundos. Añadir la carne y la marinada y rehogar durante 3 minutos como máximo, hasta que esté hecha.

Retirar del fuego, añadir el aceite de sésamo y servir inmediatamente, acompañado de tallarines al huevo con mantequilla.

*La pimienta de Sechuan, también conocida como* fegara, *es una especia moteada de color marrón que se puede encontrar en establecimientos de productos chinos.*

# Chile «Parque de bomberos»

### INGREDIENTES PARA 4 PERSONAS

| |
|---|
| 2 cebollas medianas, picadas |
| 2 dientes de ajo, picados muy finos |
| 3 cucharadas de aceite |
| 450 g de carne de buey picada, no demasiado magra |
| 1 cucharada y $1/2$ de chile en polvo |
| 2 cucharaditas de pimentón |
| 2 cucharaditas de comino molido |
| 2 cucharadas de tomate ketchup |
| 2 cucharadas de salsa de tomate |
| 1 lata de tomate de 425 g |
| 350 ml de cerveza |
| 1 cucharadita de azúcar |
| 1 cucharadita de sal |

Rehogar las cebollas y el ajo en el aceite hasta que se ablanden; bajar entonces el fuego, añadir la carne y rehogar hasta que cambie de color.

Añadir las especias, el ketchup, la salsa de tomate, los tomates y la cerveza y cocer a fuego lento, sin tapar, durante una hora, removiendo de vez en cuando. Añadir la sal y el azúcar y seguir cociendo durante otra hora, removiendo de vez en cuando. Rectificar el punto de sazón y servir.

El chile está bueno con arroz y como relleno para Burritos. Y aún mejor si se prepara de un día para otro. En tal caso, será preciso añadir un poco más de líquido cuando se vaya a recalentar.

**VARIANTES:** Se puede añadir una lata de 425 g de alubias rojas escurridas, en cuyo caso será preciso añadir un poco más de líquido.

Para hacer Chile «Escolar», utilizar la mitad de chile o sustituir el chile picante por chile suave.

# Curry de cordero «Kashmiri»

**INGREDIENTES PARA 4 PERSONAS**

40 g *ghi* (mantequilla clarificada) o de mantequilla

2,5 cm de raíz de jengibre fresco, rallada o picada muy fina

450 g de carne de cordero, cortada en dados

1 cucharadita de *Garam Masala*

2 cucharaditas de cilantro molido

1 pizca de guindilla en polvo

300 ml de caldo o agua

75 g de almendras crudas peladas

Agua de hielo

3 cucharadas de nata espesa

Sal al gusto

En una sartén de fondo grueso, calentar el *ghi* o la mantequilla y añadir el jengibre y la carne de cordero. Rehogar a fuego fuerte hasta que empiece a tomar color.

Añadir el *Garam Masala*, el cilantro y la guindilla. Remover y añadir el caldo o agua. Llevar a ebullición y cocer a fuego lento durante 25 minutos, hasta que la carne esté tierna.

Machacar dos tercios de las almendras en un mortero, un molinillo o un robot de cocina, añadiendo suficiente cantidad de agua para conseguir una pasta uniforme. Añadir la nata y mezclar.

Incorporar la mezcla de almendras a la carne y añadir sal al gusto. Cocer a fuego muy lento durante otros 4 minutos.

Servir caliente, espolvoreado con las almendras restantes picadas.

# Cerdo con coco «Singapur»

**INGREDIENTES PARA 4 PERSONAS**

425 ml de agua hirviendo

225 g de coco seco

1 cebolla grande, rallada

1 1/2-2 cucharadas de guindilla en polvo

3 cucharadas de aceite de coco o de *ghi* (mantequilla clarificada)

450 g de carne magra de cerdo, cortada en dados

1 tallo de Palmarosa, machacada (opcional)

1 cucharada de zumo de lima

Azúcar y sal al gusto

Lo primero que hay que preparar es la leche de coco. Para ello, verter el agua hirviendo sobre el coco seco y dejar reposar durante 15 minutos. Seguidamente, escurrir el líquido y meter al frigorífico hasta que se vaya a utilizar.

Freír la cebolla y la guindilla en el aceite o *ghi* brevemente sin que la cebolla tome color. Añadir la carne de cerdo y rehogar hasta que esté dorada e impregnada con la mezcla de cebolla y guindilla. Bajar el fuego y añadir la leche de coco. Incorporar el tallo de Palmarosa, si se utiliza, y sal al gusto. Tapar y cocer a fuego lento hasta que la carne esté tierna.

Retirar la Palmarosa, añadir el zumo de lima y un poco de azúcar y servir caliente acompañado de arroz blanco hervido.

# Cerdo con salsa de chile

### INGREDIENTES PARA 6 PERSONAS

675 g de carne de cerdo para guisar, cortada en dados

1 cebolla pequeña y 1 diente de ajo pelado

1 ramillete de hierbas aromáticas

### PARA LA SALSA

1 cucharada de chile en polvo

50 g de almendras crudas peladas

2 cucharadas de aceite

2 tomates grandes, despepitados y picados

2 dientes de ajo, machacados y 1 cebolla grande, picada

2 pimientos morrones en lata, cortados en cuatro pedazos

Sal y azúcar al gusto

1 cucharada de zumo de lima

2 manzanas ácidas, peladas, descorazonadas y troceadas

2 rodajas gruesas de piña fresca, descorazonadas y troceadas

Poner la carne de cerdo en una cazuela y añadir agua hasta cubrirla. Añadir la cebolla, cortada en cuatro pedazos, el diente de ajo y el ramillete de hierbas aromáticas y cocer a fuego lento durante 30 minutos aproximadamente, hasta que la carne esté tierna. Escurrir y reservar el líquido de cocción.

Mientras tanto, freír el chile y las almendras en el aceite hasta que estén doradas. Escurrir y reservar el aceite. Triturar junto con los tomates, el ajo, la cebolla, los pimientos y un poco del líquido de cocción de la carne hasta conseguir una pasta uniforme.

Freír la pasta obtenida en el aceite reservado a fuego fuerte hasta que espese. Añadir sal, azúcar y el zumo de lima. Incorporar la carne, la fruta y la suficiente cantidad de líquido de cocción para dar consistencia a la salsa. Cocer a fuego lento unos 10 minutos, hasta que las manzanas estén tiernas.

Servir con arroz blanco hervido.

*El nombre de esta receta en Méjico es «Manchamanteles».*

# Vindaloo de pollo «Portobello»

**INGREDIENTES PARA 4 PERSONAS**

| |
|---|
| 4-6 guindillas frescas rojas |
| 4 porciones grandes de pollo, cortadas por la mitad |
| 4 cucharadas de *ghi* (mantequilla clarificada) o de mantequilla |
| 1 cebolla grande, picada |
| 3 dientes de ajo, machacados |
| 2,5 cm de raíz de jengibre fresco, pelada y rallada |
| 2 cucharaditas de *Garam Masala* |
| 1/2 cucharadita de semillas de alholva |
| 1/2 cucharadita de cúrcuma molida |
| El zumo de 1 lima |
| 1-2 cucharadas de vinagre |
| 300 ml aproximadamente de caldo de pollo o agua |
| Sal al gusto |

Abrir las guindillas y quitarles las pepitas. Sumergirlas en agua fría con sal durante 1 hora o más, cambiando el agua de vez en cuando. Pasarlas por agua y picarlas muy finas.

Dorar el pollo por todos los lados en el aceite, escurrir y reservar.

Freír la cebolla, el ajo, las especias y la guindilla en el aceite de la sartén hasta que la cebolla empiece a tomar color.

Añadir los demás ingredientes y cocer a fuego lento, tapado, de 45 a 55 minutos aproximadamente, hasta que el pollo esté tierno. Puede ser necesario añadir un poco más de líquido.

Añadir sal al gusto y servir con arroz blanco hervido, *chutneys* variados y ensalada fría.

*Esta versión simplificada del plato clásico indio es picante, por lo que hay que advertir a los invitados. En caso de duda, utilizar menos guindillas y dejar que los que prefieran el picante las añadan en su plato.*

# Pollo tandoori

**INGREDIENTES PARA 4 PERSONAS**

| |
|---|
| 2 pollos pequeños de 275 g aproximadamente cada uno |
| 1 cebolla mediana, picada muy fina |
| 2 dientes de ajo, machacados (opcional) |
| 2 cm y $1/2$ de raíz de jengibre fresco, rallada |
| 2 cucharaditas de guindilla en polvo |
| 1 cucharada de *Garam Masala* |
| 2 cucharaditas de cilantro molido |
| 1 cucharadita de comino molido |
| 1 cucharada de *ghi* (mantequilla clarificada) o de aceite |
| 125 ml de yogur |
| 2 cucharadas de zumo de limón |
| 1 cucharadita de sal |
| Gajos de limón |

Quitar la piel a los pollos y partirlos por la mitad o en cuartos. Hacer unos cortes en la carne para que la marinada penetre más fácilmente.

Freír la cebolla, el ajo y las especias en el *ghi* o el aceite durante 1 minuto ó 2 para que desprendan su aroma. Añadir el yogur y remover; seguidamente, añadir el zumo de limón y la sal y verter sobre el pollo.

Frotar el pollo con la marinada, tapar y dejar marinar durante 24 horas o toda la noche.

Escurrir el pollo y asarlo en el grill o a la barbacoa, con la carne lo más cerca posible del fuego, hasta que esté crujiente y dorado por fuera y hecho por dentro, pero jugoso.

Servir con gajos de limón.

# Pollo asado con especias

**INGREDIENTES PARA 4 PERSONAS**

2,5 cm de raíz de jengibre fresco, pelada y rallada

Las semillas de 4 vainas de cardamomo, ligeramente machacadas

2 cucharaditas de semillas de cilantro, salteadas sin aceite durante 30 segundos

1 pizca de clavo de especia molido

1 pizca de pimienta inglesa molida

1 pizca de pimienta negra molida

1 cucharadita de sal

40 g de mantequilla, ablandada

1 pollo listo para asar de 1,6 kg

1 cucharada de aceite

Sal gorda

Temperatura del horno: 200 °C

Triturar las especias y la sal, añadiendo la mantequilla poco a poco hasta que todo quede bien mezclado.

Pasar los dedos bajo la piel de las pechugas y los muslos del pollo para desprenderla de la carne, sin romperla.

Extender la mezcla de mantequilla y especias bajo la piel y dejar reposar, de 2 a 3 horas, para que los aromas penetren en la carne del pollo.

Poner el pollo en una bandeja de horno, untarlo con un poco de aceite, espolvorearlo con sal gorda, taparlo con papel de aluminio y meterlo al horno precalentado de 45 minutos a 1 hora, hasta que el jugo que desprenda no sea de color rosa, y retirando el papel de aluminio 20 minutos antes de finalizar la cocción, para que la piel quede crujiente.

# Pollo cantarín

**INGREDIENTES PARA 4-6 PERSONAS**

| |
|---|
| 4 pechugas de pollo |
| 3 cucharadas de mostaza suave |
| 100 ml de vino blanco seco |
| ½ limón, o 1 lima, cortado en rodajas gruesas |
| 1 cucharada de cilantro fresco picado |
| 1 cucharada de mantequilla |
| 2 cucharaditas de cilantro molido |
| 1 cucharadita de comino molido |
| ½ cucharadita de pimienta de cayena |
| 150 g de uvas verdes pequeñas |
| 150 ml de nata agria espesa o nata líquida |
| 100 ml de yogur |
| 1 lata de castañas de agua de 150 g, escurrida |
| Temperatura del horno: 190 °C |

Poner las pechugas de pollo en una bandeja de horno y untar con dos tercios de la mostaza. Añadir el vino blanco, 50 ml de agua, las rodajas de limón o de lima y el cilantro. Añadir la mantequilla en pedacitos, tapar con papel de aluminio y meter al horno precalentado durante media hora, o hasta que las pechugas estén hechas. Dejar enfriar en su propio jugo; seguidamente, quitar la piel y cortar en pedazos pequeños.

Para hacer la salsa, calentar aceite en un cazo pequeño, añadir las especias y freír durante 1 minuto ó 2.

Retirar del fuego y añadir la nata agria o líquida, el yogur y la mostaza restante. Meter al frigorífico.

Para servir, mezclar la carne de pollo, las castañas de agua partidas por la mitad, las uvas y la salsa, aligerando, si fuera necesario, con un poco de líquido de cocción del pollo. Decorar con cilantro fresco o perejil.

## Dal deluxe

**INGREDIENTES PARA 4-6 PERSONAS**

| |
|---|
| 2 cucharadas de *ghi* (mantequilla clarificada) o de aceite |
| 2 dientes de ajo, machacados |
| 1 cebolla grande, picada |
| 2 guindillas frescas verdes, despepitadas y picadas muy finas |
| 1 cucharadita de cúrcuma molida |
| 1 cucharada de cilantro molido |
| $1/2$ cucharada de comino molido |
| 150 g de lentejas, lavadas |
| 1 cucharada de salsa de tomate |
| 2 cucharadas de tomate ketchup |
| 600 ml de caldo de ave o de verduras o 600 ml de agua hirviendo mezclada con un caldito |
| Sal, pimienta negra y azúcar al gusto |
| 50 g de almendras en láminas, tostadas |

Calentar el aceite y freír el ajo, la cebolla, las guindillas y las especias durante 5 minutos, hasta que se doren ligeramente.

Añadir las lentejas, la salsa de tomate y el ketchup y remover hasta que quede bien mezclado.

Añadir el caldo o el agua mezclada con el caldito y llevar a ebullición. Sazonar.

Bajar el fuego y cocer a fuego lento de 35 a 45 minutos, removiendo de vez en cuando, hasta que las lentejas empiecen a deshacerse.

Un momento antes de servir, rectificar el punto de sazón y añadir las almendras.

## Zanahorias con harissa

**INGREDIENTES PARA 6 PERSONAS**

| |
|---|
| 675 g de zanahorias |
| 2 dientes de ajo, machacados |
| 1 cucharadita de cilantro molido |
| $1/2$ cucharadita de semillas de alcaravea en polvo |
| 4 cucharadas de aceite |
| 1 cucharadita de *harissa* (pasta tunecina de pimienta picante), mezclada con 75 ml de agua caliente |
| 2 cucharadas de zumo de limón |
| 2 cucharadas de vinagre |
| 2 cucharaditas de azúcar |
| 1 cucharadita de sal |

Pelar las zanahorias, cortarlas en rodajas y cocerlas en abundante agua hirviendo de 10 a 15 minutos, hasta que estén tiernas. Escurrir.

Freír el ajo y las especias en el aceite durante unos minutos y añadir la *harissa* diluida en agua, el zumo, el vinagre, el azúcar y la sal. Incorporar las zanahorias, tapar y cocer durante otros 7 minutos. En este tiempo, el líquido de cocción se reduce y las zanahorias absorben su sabor. Servir caliente o frío, espolvoreado con cilantro o perejil. Es ideal para pescado a la parrilla.

# Arroz rojo

**INGREDIENTES PARA 4 PERSONAS**

| |
|---|
| 1 cebolla mediana, picada |
| 1 pimiento rojo, despepitado y troceado |
| 2 pimientos morrones de lata, troceados |
| 1 guindilla fresca roja o 1/2 cucharadita de guindilla en polvo |
| 1 cucharada y $^1/_2$ de aceite |
| 2 cucharaditas de pimentón |
| 1 cucharadita de comino molido |
| 150 g de arroz de grano largo, lavado |
| 1 cucharada de salsa de tomate |
| 600 ml de jugo de tomate |
| Sal, azúcar y tabasco al gusto |

Freír la cebolla, los pimientos rojos y la guindilla en el aceite hasta que la cebolla empiece a tomar color.

Añadir las especias y el arroz y remover a fuego fuerte durante 1 minuto o más, hasta que el arroz quede completamente impregnado.

Añadir la salsa de tomate, el jugo de tomate y sazonar. Llevar a ebullición y seguidamente cocer a fuego lento, tapado, de 20 a 25 minutos, hasta que el arroz esté tierno y haya absorbido el líquido.

Servir caliente, con pollo a la parrilla o asado o chuletas de cerdo.

# *Patatas especiadas con coliflor*

**INGREDIENTES PARA 6 PERSONAS**

| |
|---|
| 675 g de patatas |
| 1 coliflor mediana |
| 2 cucharadas de aceite |
| 2 cucharaditas de comino molido |
| 1 cucharada de cebolla picada muy fina |
| Las semillas de 3-4 vainas de cardamomo |
| 1 cucharada de semillas de amapola |
| Sal y abundante pimienta negra recién molida |

Pelar las patatas y cortarlas en pedazos de 2,5 cm. Hervirlas en abundante agua hirviendo con sal durante 5 minutos, escurrirlas y reservar.

Cortar la coliflor en floretes pequeños, cubrirla con agua fría y dejar reposar durante media hora.

Calentar el aceite en una sartén grande y freír el comino de 3 a 4 segundos; añadir la cebolla y las semillas de cardamomo y cocer durante 1 minuto más. Añadir las patatas y la coliflor (no demasiado escurrida, ya que el agua que contiene favorece la cocción) y remover para que queden bien cubiertas por las especias. Bajar el fuego, tapar la sartén y cocer de 12 a 15 minutos, removiendo de vez en cuando, hasta que las patatas estén hechas y la coliflor ligeramente crujiente.

Añadir las semillas de amapola, salpimentar al gusto y servir caliente.

**VARIANTE:** Para hacer esta receta picante, sustituir las semillas de cardamomo por 10 g de mostaza y 2 pizcas generosas de pimienta de cayena.

# Fritos de calabacín

**INGREDIENTES PARA 4 PERSONAS**

| |
|---|
| 450 g de calabacines pequeños, de 2,5 cm de grosor |
| 2 huevos |
| 1 pizca de pimienta de cayena |
| 1 cucharadita de orégano seco |
| 1 pizca generosa de sal |
| Aceite para freír |

Lavar los calabacines, cortarlos por la mitad y seguidamente en cuatro partes en sentido longitudinal.

Batir los huevos junto con la cayena, el orégano y la sal hasta que queden bien mezclados.

Calentar el aceite en una sartén.

Mojar los pedazos de calabacín en la mezcla de huevos y freírlos, dando la vuelta una sola vez, hasta que estén crujientes por fuera y tiernos por dentro. Escurrir sobre papel absorbente y servir caliente.

**VARIANTE:** De esta misma manera se puede preparar también una berenjena, cortada en rodajas de 6 mm de grosor.

# Espinacas con semillas de girasol

**INGREDIENTES PARA 4 PERSONAS**

| |
|---|
| 1 kg de espinacas frescas |
| 1 cebolla mediana, picada muy fina |
| 3 cucharadas de aceite |
| 1,25 cm de raíz de jengibre fresco, pelada y rallada |
| $^1/_2$ cucharadita de guindilla en polvo |
| 2 cucharadas de agua |
| 3 cucharadas de pasas sin pepitas |
| 50 g de semillas de girasol |

Lavar las espinacas, quitarles los tallos y eliminar las hojas descoloridas. Picarlas en pedazos gruesos.

Freír la cebolla en 2 cucharadas de aceite hasta que tome color. Añadir las especias y freír durante otro minuto, sin dejar de remover.

Añadir las espinacas, el agua y las pasas y remover hasta que estén bien mezcladas. Bajar el fuego, tapar y cocer a fuego lento durante 5 minutos, removiendo de vez en cuando, hasta que las espinacas hayan absorbido el líquido y estén cocidas.

Freír las semillas de girasol en el aceite restante hasta que estén doradas, mezclarlas con las espinacas y servir inmediatamente.

# Curry de verdura

**INGREDIENTES PARA 4-6 PERSONAS**

1-2 guindillas frescas verdes, despepitadas y picadas

2 dientes de ajo, machacados

2 cucharadas de *ghi* (mantequilla clarificada) o de aceite

1 cucharada de cúrcuma molida

1 cucharadita de *Garam Masala*

1 cucharadita de semillas de mostaza, machacadas

1 cucharadita de cilantro molido

2 cucharadas de zumo de lima o de limón

2 cebollas medianas, picadas

1 patata grande, pelada y cortada en dados

450 g de verdura

2 tomates maduros, pelados y troceados

225 ml de agua aproximadamente

Sal, pimienta y azúcar al gusto

Freír las guindillas y el ajo en el *ghi* o el aceite junto con las especias y el zumo de lima o de limón durante 5 minutos.

Añadir la cebolla y rehogar a fuego fuerte hasta que empiece a tomar color.

Añadir el agua, la patata, los tomates y las verduras escogidas (por ejemplo, coliflor en floretes; judías verdes, sin hilos y troceadas; guisantes; espinacas lavadas, sin tallos; etc.), sazonar y cocer a fuego lento, sin tapar, durante 20 minutos aproximadamente, removiendo de vez en cuando, hasta que la patata esté hecha y la mayor parte del líquido se haya evaporado.

Servir caliente.

# Ensalada de arroz al azafrán con almendras

**INGREDIENTES PARA 6 PERSONAS**

225 g de arroz de grano largo

600 ml de agua

1 pizca generosa de sal

$1/2$ cucharadita de hebras de azafrán, puestas a remojar en 2 cucharadas de agua caliente durante 1/2 hora

$1/2$ cucharadita de mostaza

1 cucharada de vinagre de vino

3 cucharadas de aceite de oliva

1 cucharadita de azúcar

100 g de almendras crudas peladas

1-2 guindillas frescas rojas, despepitadas y cortadas en rodajas finas (opcional)

En una cazuela, poner el arroz, el agua, la sal y la infusión de azafrán. Llevar a ebullición, tapar y cocer a fuego lento de 20 a 25 minutos, hasta que el arroz haya absorbido el agua y esté tierno. Retirar del fuego.

Mezclar la mostaza, el vinagre, el aceite y el azúcar y añadir al arroz caliente. Meter al frigorífico.

Un momento antes de servir, tostar las almendras en el grill o en el horno a temperatura moderada, sacudiendo el recipiente de vez en cuando, hasta que estén ligeramente doradas. Añadirlas al arroz frío junto con las guindillas, si se utilizan, y servir inmediatamente.

# Ensalada de coliflor y granada

**INGREDIENTES PARA 4-6 PERSONAS**

1 aguacate maduro

3 cucharadas de aceite de oliva

1 cucharada de vinagre de vino

1 cucharadita de azúcar

1 coliflor de 450 g aproximadamente, separada en floretes

Los granos de 2 granadas

50 g de nueces, picadas (opcional)

Preparar el aliño. Para ello, cortar el aguacate por la mitad, deshuesarlo, sacar la pulpa y ponerla en una batidora. Añadir el aceite, el vinagre y el azúcar y aplastar o triturar hasta conseguir una mezcla uniforme.

Mezclar con la coliflor y los granos de granada, removiendo para que se mezcle uniformemente. Tapar y meter al frigorífico durante media hora.

Servir la ensalada espolvoreada con las nueces.

*Esta original ensalada no es picante ni especiada, pero es un complemento crujiente y refrescante (y un antídoto) para los platos que sí lo son.*

# Ensalada mejicana de tomate

**INGREDIENTES PARA 4 PERSONAS**

1-2 chiles frescos rojos

3 tomates grandes

3-4 cebolletas, picadas muy finas

1 puñado de cilantro fresco, picado muy fino

1 cucharada de aceite de oliva

$^1/_2$ cucharadita de zumo de lima

Sal al gusto

Abrir los chiles, quitarles las pepitas y sumergirlos en agua fría con sal durante una hora. Pasarlos por agua y cortarlos en rodajas finas.

Cubrir los tomates con agua hirviendo y dejar reposar durante 1 minuto. Refrescarlos con agua fría y pelarlos. Cortarlos por la mitad y despepitarlos. Seguidamente cortarlos en rodajas o trocearlos.

Incorporar las cebolletas, el cilantro, el aceite, el zumo y los chiles, añadir sal y meter al frigorífico durante media hora antes de servir.

**VARIANTE:** Añadir queso mozzarella o feta para convertir el plato en un entrante refrescante o un ligero tentempié.

# Egado-gado

**INGREDIENTES PARA 4 PERSONAS**

150 g de col, cortada en tiras

1 cebolla pequeña, picada muy fina

2 dientes de ajo, machacados

1 cucharada de aceite, preferentemente de cacahuete

1 pizca de guindilla en polvo

1,25 cm de raíz de jengibre fresco, pelada y rallada

2 cucharadas de pasta de cacahuete

Agua caliente

Sal y azúcar al gusto

150 g de brotes de habichuelas

150 g de pepino, pelado y cortado en dados

50 g de cacahuetes salados (opcional)

1 guindilla fresca verde (opcional)

Escaldar la col en abundante agua hirviendo con sal durante 3 minutos, escurrir y dejar enfriar.

Freír la cebolla y el ajo en el aceite hasta que estén ligeramente dorados; añadir después las especias y freír durante otro minuto.

Bajar el fuego y añadir la pasta de cacahuete y la suficiente cantidad de agua caliente para que la salsa adquiera una consistencia cremosa. Sazonar al gusto.

Mezclar la col, los brotes de habichuelas y el pepino, y cubrir con la salsa caliente.

Servir inmediatamente, decorado, si se quiere, con los cacahuetes y la guindilla fresca, despepitada y en rodajas.

# Tabulé con guindillas

**INGREDIENTES PARA 4 PERSONAS**

100 g de burgol *(boulghur)*

1 cebolla pequeña, picada muy fina

4 cucharadas de zumo de limón

1 cucharadita de sal

1-2 guindillas frescas verdes, despepitadas y en rodajas finas

1 buen puñado de hojas de menta fresca, picadas en pedazos gruesos

4 cucharadas de aceite de oliva

Hojas de lechuga (opcional)

Cubrir el burgol con agua fría y dejar reposar durante 15 minutos. Escurrir en un colador fino o un escurreverduras cubierto con un paño.

Añadir la cebolla, el zumo de limón, la sal y las guindillas y mezclar bien. Meter al frigorífico.

Para servir, incorporar la menta y el aceite y disponer, si se quiere, sobre unas hojas de lechuga.

# Salsa de chile y tomate

### INGREDIENTES

| |
|---|
| 3-4 chiles frescos rojos |
| 2 cebollas medianas, picadas |
| 2 dientes de ajo, machacados |
| 2 cucharadas de aceite de oliva |
| 3 cucharadas de salsa de tomate |
| 1 cucharadita de orégano seco |
| 2 cucharaditas de pimentón |
| 1 cucharadita de azúcar |
| 100 ml de agua o de vino tinto |
| Sal al gusto |

Abrir los chiles, despepitarlos y sumergirlos en agua fría con sal durante una hora, cambiando el agua de vez en cuando. Cortarlos en rodajas finas.

Freír la cebolla y el ajo en el aceite hasta que empiecen a tomar color. Bajar el fuego, añadir los chiles, tapar y cocer a fuego lento durante 12 minutos aproximadamente, hasta que las cebollas estén blandas.

Añadir el resto de los ingredientes, excepto la sal, y cocer a fuego lento de 7 a 10 minutos, hasta que la salsa haya espesado ligeramente. Añadir sal al gusto.

Servir la salsa caliente o fría.

# Marinada de guindillas y menta (para carne)

### INGREDIENTES

| |
|---|
| 4 cucharadas de buen aceite de oliva |
| 1 buen puñado de menta fresca, picada |
| 1 cucharadita de tomillo, machacado |
| 1 cucharadita y $1/2$ de guindilla en polvo |
| 2 cucharaditas de sal |
| 1 cucharadita de pimienta negra molida |

Hacer unos cortes en la carne y meterla en una bolsa de plástico fuerte junto con los ingredientes de la marinada. Cerrar la bolsa y ponerla en un plato. Dejar marinar la carne de 2 a 4 horas, según el tamaño de la pieza (una pierna deshuesada de cordero puede dejarse toda la noche en el frigorífico). Dar la vuelta a la bolsa de vez en cuando para que la marinada penetre en la carne uniformemente. Utilizar la marinada restante para untar la carne durante la cocción.

*Esta original combinación de sabores del norte de África, adecuada tanto para cordero como para pollo, asados en el horno o a la barbacoa, es suficiente para 2 kg de carne.*

# Salsa «Satay»

## INGREDIENTES

Salen 350 ml aproximadamente

100 g de cacahuetes sin tostar, pelados

75 g de cebolla picada muy fina

2 cucharadas de aceite

2,5 cm de raíz de jengibre fresco, pelada y rallada

1 cucharadita de guindilla en polvo

2 cucharadas de azúcar moreno

2 cucharadas de salsa de soja

2 cucharadas de zumo de limón

$1/2$ cucharadita de sazonador de 5 especias

175 ml de agua

Sal al gusto

Temperatura del horno: 175 °C

Tostar los cacahuetes en el horno precalentado, sacudiéndolos de vez en cuando, hasta que estén ligeramente dorados. Quitarles la piel con un paño y meterlos de nuevo al horno hasta que tomen un color más oscuro. Dejar enfriar y meter en una bolsa de plástico.

Un momento antes de hacer la salsa, triturar los cacahuetes en pedazos gruesos en un robot de cocina o machacarlos, metidos en la bolsa de plástico.

Dorar la cebolla en el aceite a fuego fuerte. Añadir el jengibre, la guindilla en polvo y los cacahuetes y freír durante un minuto, sin dejar de remover. Bajar el fuego, añadir los demás ingredientes y cocer a fuego lento durante 5 minutos. Rectificar el punto de sazón y servir caliente o templado con carne, preferentemente de cerdo o de pollo, a la parrilla o asada al horno.

**VARIANTE:** Para conseguir una salsa más fina o que sirva para marinar y untar carne asada al horno o a la barbacoa, especialmente brochetas, triturar la salsa, sin dejar que quede demasiado uniforme.